A HISTÓRIA DE MARIELLE FRANCO

Inspirando novos leitores

— Escrita por —
Pâmella Passos

— Ilustrada por —
Yasmin Celeste

astral cultural

Oi, pessoal,

Sou Mariah, sobrinha e afilhada da Marielle Franco, e tenho nove anos. Quando minha tia-dinda foi assassinada, eu tinha pouco mais de dois anos. Tenho muitas memórias afetivas que foram cultivadas pela minha família nos últimos anos. Sempre ouço minha mãe dizer que ela lutou muito por nós, meninas e mulheres. Por isso, espero que muitas pessoas possam conhecer sua história e seu legado por meio de tudo que temos produzido, inclusive este livro.

Espero que gostem!
Um beijo.

Mariah Silva

Caros leitores e leitoras,

Sou Cecília, afilhada da Marielle. Não pude conhecer muito minha dinda, pois, quando ela morreu, eu tinha apenas quatro anos. Uma das poucas coisas que me lembro dela foi quando eu estava lá na Câmara dos Vereadores, e comemos pipoca juntas — para falar a verdade, eu não queria dividir a minha pipoca; por isso, me escondi embaixo da mesa, mas ela veio atrás de mim e pegou um pouco!

Mas, afinal, por que você deve ler este livro? Marielle foi uma mulher forte e inteligente. E você, ao conhecer a história dela, pode se inspirar e mudar o mundo também! Venha ser uma semente!

Beijos, Cecília :)

Rua
Marielle Franco

(1978-2018) Vereadora, Defensora dos Direitos Humanos e das minorias, covardemente assassinada no dia 14 de março de 2018

307   2060-080 Estácio

Copyright © 2025 Pâmella Passos
Ilustrações © 2025 Yasmin Celeste
Todos os direitos reservados à Astral Cultural e protegidos pela Lei 9.610, de 19.2.1998. É proibida a reprodução total ou parcial sem a expressa anuência da editora.
Este livro foi revisado segundo o Novo Acordo Ortográfico da Língua Portuguesa.

Editora Natália Ortega
Editora de arte Tâmizi Ribeiro
Coordenação editorial Brendha Rodrigues
Produção editorial Andressa Ciniciato, Manu Lima e Thais Taldivo
Revisão Letícia Nakamura e Wélida Muniz
Foto autora AF Rodrigues
Foto ilustradora Arquivo pessoal
Projeto gráfico original Angela Navarra
Avaliação pedagógica Luciana Salomão

Dados Internacionais de Catalogação na Publicação (CIP)
Angélica Ilacqua CRB-8/7057

P323h

Passos, Pâmella
    A história de Marielle Franco / Pâmella Passos ;
ilustrações de Yasmin Celeste. -- São Paulo, SP :
Astral Cultural, 2025.
    80 p : il, color. (Coleção Inspirando novos leitores).

ISBN 978-65-5566-312-9
ISBN 978-65-5566-311-2 (e-book)

1. Literatura infantojuvenil brasileira 2. Franco, Marielle –
Biografia I. Título II. Celeste, Yasmin

24-0580   CDD 028.5

Índices para catálogo sistemático:
1. Literatura infantojuvenil

BAURU
Rua Joaquim Anacleto Bueno 1-42
Jardim Contorno
CEP 17047-281
Telefone: (14) 3879-3877

SÃO PAULO
Rua Augusta, 101
Sala 1812, 18º andar, Consolação
CEP 01305-000
Telefone: (11) 3048-2900

E-mail: contato@astralcultural.com.br

SUMÁRIO

CAPÍTULO 1 — Nasce uma defensora — **6**

13 — **CAPÍTULO 2** — Os primeiros anos

CAPÍTULO 3 — Juventude e descobertas — **21**

27 — **CAPÍTULO 4** — Motivos para lutar

CAPÍTULO 5 — Liderança em direitos humanos — **39**

48 — **CAPÍTULO 6** — Marielle vereadora

CAPÍTULO 7 — Não serei interrompida! — **57**

69 — **CAPÍTULO 8** — Então... Quem foi Marielle Franco?

GLOSSÁRIO — **73**

75 — **BIBLIOGRAFIA**

Conheça Marielle Franco

Aos 37 anos, Marielle foi eleita para ocupar um assento na Câmara Municipal do Rio de Janeiro. Com 46.502 votos, ela foi a quinta vereadora mais votada da cidade nas eleições de 2016. Mas a história dessa mulher, que hoje é conhecida em todo o mundo, não começa aí, os passos dela vêm de longe.

Seus pais, Antônio e Marinete, apesar de terem nascido na Paraíba, estado localizado no Nordeste brasileiro, se conheceram na favela da Maré e começaram a namorar em 1974.

A família dos pais de Marielle, assim como muitas no Brasil, são migrantes e vieram para o Rio de Janeiro em busca de emprego e melhores condições de vida, sendo esses personagens fundamentais na construção da cidade. Esse processo de **êxodo** nordestino retrata as desigualdades que afetam nosso país até hoje, e era contra elas que Marielle lutava.

Para ficar perto de seus locais de trabalho, as famílias que vieram para o Rio de Janeiro foram construindo a própria casa entre as margens da Baía de Guanabara e da Avenida Brasil, principal rodovia de entrada e saída de cargas na cidade na época.

Essa região recebeu o nome de Maré, devido aos mangues e às praias que dominavam a paisagem antes da intensa ocupação do local, que teve seu auge na década de 1970. Muitas famílias, inclusive a tia de Marielle, irmã de Marinete, moravam em **casas de palafita** sem acesso a **saneamento básico**.

Atualmente, o local é um complexo formado por dezessete **comunidades,** tendo cerca de 140 mil habitantes. A Maré de hoje não possui mais casas de palafita e conta com seu próprio museu, que guarda a história da região, o Museu da Maré, além de ser palco de diversas atividades culturais.

Mas, infelizmente, a Maré ainda sofre com a ausência de **políticas públicas** e violações de **direitos humanos**. Durante toda a sua vida, Marielle lutou pela Maré e por todas as favelas cariocas.

A Maré de hoje não possui mais casas de palafita e conta com seu próprio museu, que guarda a história da região.

 **O Brasil de Marielle**

Chegando ao mundo em 27 de julho de 1979, Marielle é "cria" da favela da Maré. Atenciosa e muito responsável, ela ajudava nas tarefas domésticas e nos cuidados com sua irmã Anielle, que era cinco anos mais nova.

    Vez ou outra, chegava até a representar seus pais na reunião da escola da irmã, pois eles trabalhavam muito. Mas toda essa responsabilidade não tirou o lado sapeca da garota, que amava brincar na rua. Entre as brincadeiras prediletas, estava "escolinha" — inclusive, um dos sonhos de Marielle era se tornar professora quando crescesse.

Desde muito nova, ela gostava de explicar as coisas, ensinar aos outros e falar em público. Também era bastante questionadora e se preocupava que todos tivessem direitos iguais nas brincadeiras.

Ao crescer, Marielle fez faculdade de Ciências Sociais com bolsa integral, especialização em Responsabilidade Social e Terceiro Setor e Mestrado em Administração Pública.

Mesmo tendo sido mãe jovem e enfrentando muitas dificuldades por ser uma mulher negra e moradora de favela, Marielle seguiu com seus estudos e sua luta coletiva por um Brasil melhor.

Marielle era defensora dos direitos humanos e **feminista,** acreditando que mulheres devem ser respeitadas e ter os mesmos direitos que os homens. Ela se

– PARA – PENSAR

Marielle tinha muitas responsabilidades quando criança, mas sempre conseguia brincar. E você? Faça uma lista com suas brincadeiras prediletas e suas responsabilidades.

inspirava em autoras do **feminismo negro** e denunciava a brutalidade existente nas favelas, que muitas vezes leva adultos e crianças à morte e impõe um clima de medo à comunidade.

Com seu sorriso largo e abraço forte, ela acreditava em toda forma de amor e combatia qualquer **preconceito**.

CAPÍTULO 2
OS PRIMEIROS ANOS

Conhecendo as raízes

Dividindo seu tempo entre diversão e responsabilidades, Marielle cresceu correndo e brincando pelos becos e vielas da favela da Maré. A infância da menina também foi marcada pelas constantes viagens ao Nordeste, para visitar a família. Este era o momento mais esperado do ano: a viagem de férias para a Paraíba.

Lá, Marielle não apenas matava a saudade dos primos e das tias, mas também escutava e se inspirava nas histórias de sua avó materna, Filomena, com quem conviveu pouco, pois ela faleceu quando Marielle tinha apenas três anos. Dona Filomena — ou Filó, como costumava ser chamada pelos familiares — era uma mulher negra, nordestina, nascida em Alagoa Grande, uma pequena cidade no interior da Paraíba.

Em suas viagens de férias, Marielle adorava sentar e escutar as mulheres da família contarem histórias. Eram vivências da vó Filó e das suas tias.

    Uma das histórias que ela mais gostava de ouvir era a da sua tia Marlene, irmã de sua mãe, que conviveu com a **militante** histórica Margarida Alves, símbolo da luta camponesa no Brasil.

    A família sempre teve um lugar muito importante na vida de Marielle, e por isso o ano de 1984 foi inesquecível. Em maio daquele ano, Anielle, a irmã caçula de Marielle, chegou ao mundo. Cheia de cuidados, amor e carinho, Marielle passou a sempre proteger a "Naninha", como ela apelidou a irmã.

Uma curiosidade importante sobre a história de Marielle é que seu sobrenome de nascimento é Francisco, mas, como ela tinha sofrido **bullying** na infância por conta do nome, e achava mais sonoro usar apenas Franco, então passou a assinar Marielle Franco em sua rubrica e na carteira de identidade. Na época da sua campanha eleitoral para vereadora em 2016, decidiu adotar esse nome como figura pública, tal como sua irmã Anielle Franco.

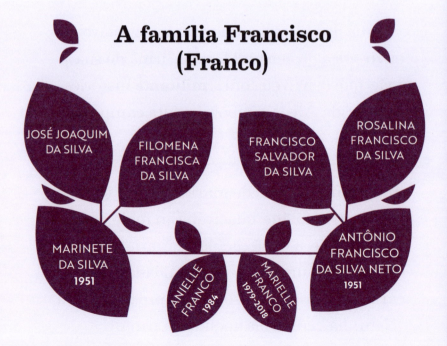

Aprendendo sobre a vida

**– PARA –
PENSAR**

Você já foi impedido de brincar de algo por ser menino ou menina? Na sua opinião, as brincadeiras devem ser separadas dessa forma?

Criada em uma família muito católica, Marielle cresceu com uma forte religiosidade. Devota de Nossa Senhora Aparecida, sempre encontrou na igreja um lugar para refletir sobre as **desigualdades sociais**, buscando superá-las. Foram os princípios aprendidos ali que a tornaram, anos depois, uma importante combatente contra as injustiças sociais.

    Os anos se passaram, e Marielle e a irmã cresciam felizes. Desde pequena, Anielle manifestava seu gosto por esportes e, por diversas vezes, Marielle precisou intervir para que a irmã pudesse jogar bola junto dos meninos. As irmãs Franco sempre afirmaram que meninas e meninos podem brincar do que quiserem, afinal, todos são crianças.

A responsabilidade para Marielle chegou bem cedo. Com apenas 11 anos, ela começou a fazer alguns serviços na escola em que ela e a irmã estudavam, para que pudessem ter desconto na mensalidade.

Ela tirava cópias, ajudava a organizar documentos e tomava conta de turmas caso algum professor faltasse, além de atuar como monitora em algumas atividades escolares. Essa foi a forma que a menina Mari encontrou de ajudar a família para que ela e Anielle tivessem acesso a uma boa educação.

Confronto com a realidade

Aos 13 anos, Marielle viu pela primeira vez homens armados. Assustada, correu para casa. Os pais lhe explicaram que, em situações como aquela, ela nunca poderia correr, apenas se proteger. Isso porque poderiam achar que ela estava fugindo e, com isso, ela poderia acabar sendo ferida. Ali ela descobriu que, por ser pobre e **preta**, deveria sempre pensar em suas reações para não se colocar em risco.

Mas Marielle também sabia que a favela não se resumia à violência. Era na Maré que ela se divertia com os amigos, sentia-se acolhida e assistia a tantas manifestações culturais.

MITO & FATO
A favela é apenas um lugar pobre, violento e perigoso.
A favela é um lugar alegre, culturalmente rico e não pode ser reduzido a políticas públicas para a área de segurança.

Nessa época, a família chegou a pensar em voltar para João Pessoa, na Paraíba, a fim de fugir da violência carioca. Essa lembrança acompanhou sua vida e, como vereadora, lutou para que crianças da favela, assim como ela tinha sido um dia, pudessem correr livremente por onde quisessem.

> A favela é um lugar alegre, culturalmente rico e não pode ser reduzido a políticas públicas para a área de segurança.

QUANDO?

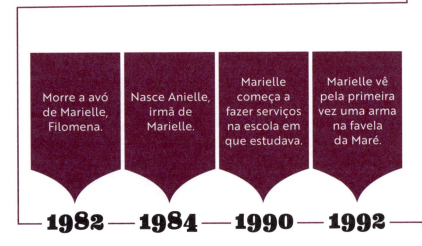

1982 — Morre a avó de Marielle, Filomena.

1984 — Nasce Anielle, irmã de Marielle.

1990 — Marielle começa a fazer serviços na escola em que estudava.

1992 — Marielle vê pela primeira vez uma arma na favela da Maré.

Ser jovem é amadurecer

Seguindo em sua vida religiosa, Marielle foi catequista e participava com frequência de encontros religiosos, o que contribuiu para sua consciência crítica sobre o mundo.

Aos 14 anos, passou a estudar à noite na Escola Estadual Clóvis Monteiro para que, assim, pudesse cuidar de sua irmã durante o dia, enquanto seus pais trabalhavam.

Apesar de ter tido ótimos professores, ela sofreu com a falta de docentes de algumas matérias durante o Ensino Médio, falta essa que fez diferença quando ela prestou vestibular pela primeira vez.

Neste mesmo ano, em 1994, Marielle viveu um grande sonho ao lado de sua família: sua tão sonhada festa de quinze anos. Seus pais trabalharam muito para juntar cada centavo e fazer uma festa bem especial. Marinete fez questão de que tudo estivesse impecável para a filha: missa, decoração, vestidos, docinhos, bolo, valsa. Foi realmente um dia inesquecível.

Marielle também amava dançar, principalmente funk. E foi entre as atividades na igreja, e dançando nos bailes da comunidade, que conheceu e começou a namorar com Glauco dos Santos, o Caco, seu primeiro marido, com quem futuramente teve sua única filha, Luyara.

Assim que concluiu o Ensino Médio, Marielle prestou vestibular. Infelizmente, a deficiência na qualidade do ensino e a impossibilidade de se dedicar exclusivamente aos estudos fizeram com que ela não tivesse um bom desempenho nas provas. O sonho de cursar uma graduação teve de ser adiado.

MITO & FATO

MITO

Todas as pessoas têm as mesmas oportunidades para entrar em uma faculdade. Basta se esforçar.

FATO

Nem todas as pessoas têm acesso à educação de qualidade ou tempo suficiente para estudar, já que precisam ajudar em casa ou trabalhar para sobreviver. Essa realidade desigual faz com que nem todos consigam ter bom desempenho em provas e seleções para entrar em universidades.

Como era bastante persistente e dedicada, Marielle se matriculou no ano seguinte no curso pré-vestibular comunitário do Centro de Estudos e Ações Solidárias da Maré — CEASM. Era a primeira turma do cursinho e as aulas eram realizadas provisoriamente na paróquia Nossa Senhora dos Navegantes, frequentada por Marielle há anos.

 # Marielle se torna mãe

No mesmo ano em que começou o cursinho pré-vestibular, Marielle engravidou do namorado Caco, aos 18 anos, e eles decidiram se casar. Por conta da gravidez, ela precisou adiar o sonho de cursar uma faculdade. Naquele momento, gestar e cuidar de sua filha era seu grande foco.

No dia 24 de dezembro de 1998, Luyara chegou ao mundo por meio de um parto natural, realizado na Maternidade Pública da Praça XV, no centro do Rio de Janeiro. Como a família religiosa e divertida sempre brincava, Luyara foi um grande presente de Natal, que chegou para "bagunçar" os preparativos da ceia.

Marielle escolheu o nome da filha em homenagem a "Uiara", uma deusa indígena, senhora das águas. Ela havia visto esse nome escrito em um barco e ficou inspirada por sua história.

QUANDO?

Reconstruindo sonhos

O nascimento de Luyara fez com que Marielle desejasse ainda mais uma vida melhor. Inspirada nas mulheres da família, que sempre foram à luta, ela começou a trabalhar como auxiliar de turma na mesma creche em que Luyara passou a frequentar a partir dos quatro meses de vida. Essa foi a forma encontrada por Marielle para ter sua própria renda e estar perto da filha.

Na época, ela tinha o importante apoio da mãe e da irmã, que por vezes se revezavam para buscar Luyara quando Marielle precisava trabalhar até mais tarde. Com a menina um pouco maior e contando com sua **rede de apoio** familiar, no início do ano 2000, Marielle voltou para o cursinho pré-vestibular e retomou seu sonho de entrar em uma universidade.

Trabalhar, estudar, cuidar da filha e da casa fez Marielle sentir na pele as dificuldades de uma **jornada tripla** de trabalho feminino.

O tempo foi passando e, após conflitos e insatisfações, Marielle percebeu que o melhor para ela e a filha era o fim do seu casamento. Então, em 2001, ela se separou do marido e investiu nos estudos.

A experiência no cursinho pré-vestibular foi muito marcante na sua vida: as aulas diferentes com trabalhos de campo e músicas foram importantes tanto no seu aprendizado quanto em sua vivência. Foi nesse espaço que ela percebeu, de forma mais gritante, as desigualdades sociais, e se empenhou ainda mais na luta contra elas.

— PARA — PENSAR

Você se sente em segurança onde mora? Como você se sentiria se presenciasse situações de violência similares às que Marielle viu?

Além de ser aluna, Marielle também trabalhou no cursinho preparatório como secretária e, posteriormente, atuou no conselho gestor da instituição. Naquele espaço, encontrou apoio para enfrentar os desafios de ser **mãe solo**, trabalhadora e estudante. Por vezes, levava Luyara para assistir à aula consigo, pois não tinha com quem deixá-la.

O dia a dia na favela também não era fácil — houve dias em que ela precisou se jogar em cima do carrinho de bebê em que estava a filha, para protegê-la durante trocas de tiros.

Essa dura realidade, somada a tudo o que Marielle aprendeu durante o curso pré- -vestibular, fez com que ela percebesse a imensa ausência de políticas públicas nas favelas cariocas. Pouco a pouco, foi crescendo sua vontade de lutar para mudar o mundo.

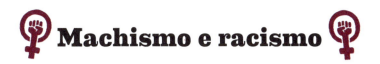

Machismo e racismo

Durante sua juventude, Marielle encarou vários episódios que a fizeram se compreender como mulher negra. Por diversas vezes, sofreu assédio vindo de homens que se aproveitavam dos transportes públicos lotados para se aproximar e encostar nas mulheres. Indignada, ela sempre reagia.

Como vereadora, Marielle lutou para que isso não acontecesse mais — era sua forma de combater o **machismo**. No Brasil, há leis que buscam combater a **importunação sexual** nos transportes públicos para que as mulheres possam se deslocar em segurança.

A luta contra o **racismo** também norteou a vida de Marielle. Ela contava, com lágrimas nos olhos, o episódio sofrido por sua irmã Anielle, que, após jogar uma partida de vôlei na qual se destacou como melhor jogadora, foi xingada de "macaca, favelada, nariguda e de cabelo ruim" pela torcida adversária.

A família, indignada, exigiu retratação. Anielle carregou essa marca de dor em seu peito, assim como Marielle. Ambas lutaram, e Anielle ainda luta, pelo fim do racismo. Atualmente, no Brasil, há leis de combate ao racismo e à **injúria racial**, mas lutar contra o preconceito é um trabalho contínuo e urgente.

MITO & FATO

No Brasil, a população é tão miscigenada que não existe racismo.

O racismo no Brasil é cruel e estrutural, herança de mais de trezentos anos de escravidão. Ainda hoje, esse preconceito é muito forte e precisa ser combatido.

Mesmo com todas as dificuldades, a família de Marielle apoiou o sonho da irmã caçula de ser jogadora de vôlei profissional. No ano 2000, o resultado chegou: Anielle ganhou uma bolsa para jogar e estudar nos Estados Unidos.

Marielle ficou muito feliz e orgulhosa da irmã, e, mesmo a distância, manteve contato com ela por meio de cartas, nas quais elas conversavam sobre as dificuldades encontradas em ser mulher, jovem e negra no Brasil e nos Estados Unidos.

A cumplicidade entre as irmãs era imensa. Juntas, aprenderam como o racismo estava tão presente nesses dois países, mesmo que de formas distintas. Nas cartas, compartilhavam episódios alegres e dolorosos que viviam e trocavam referências de leituras, como as obras da renomada autora estadunidense Angela Davis, que lutou contra a **segregação racial** e é muito conhecida por seus escritos sobre **interseccionalidade**.

Os desafios de ser universitária

As leituras feitas durante o período pré-vestibular e a insatisfação diante da realidade vivida no Brasil fizeram com que Marielle escolhesse cursar a faculdade de Ciências Sociais. Então, em 2002, após adiar seu sonho por anos, ela foi aprovada com bolsa integral para estudar na Pontifícia Universidade Católica do Rio de Janeiro (PUC-RIO). A felicidade veio acompanhada da dificuldade em ter dinheiro para se manter estudando em uma universidade particular de elite. Além de ter de cruzar a cidade para estudar, Marielle precisava de dinheiro para pagar o transporte, se alimentar e comprar os materiais de leitura indicados pelos professores.

Ela sempre se impressionava com a diferença de realidade entre a vida dela e a de seus colegas de classe. Enquanto carregava marmita e contava moedas para andar de ônibus, muitos esbanjavam dinheiro.

Essa diferença fazia com que Marielle se questionasse se aquele era mesmo o seu lugar, mas as dificuldades enfrentadas não a impediriam de concluir os estudos.

Para complementar a renda, Marielle deu aula em telecurso e seguia trabalhando no cursinho pré-vestibular. Além disso, economizava o que podia para se manter estudando e adquirindo cada vez mais conhecimento. Durante o período passado na universidade, teve contato com muitas leituras e coletivos que foram amadurecendo seu desejo de lutar contra as injustiças sociais.

Combatendo a violência na favela

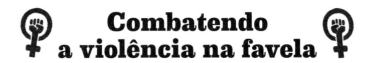

Em 2005, Marielle sentiu a violência de forma muito próxima. Jaqueline Marinho, uma amiga com quem fez curso pré-vestibular, foi assassinada em uma troca de tiros durante uma ação abrupta da Polícia Militar na Maré. Jaqueline era jovem e tinha acabado de sair de um seminário de educação. Foi então que

Marielle percebeu que precisava lutar ainda mais e de forma organizada. Impulsionada por essa tragédia, participou da organização da Campanha contra o Caveirão (carro blindado usado pela polícia) no Rio de Janeiro. Denunciando as violações de direitos humanos, Marielle foi se reconhecendo como uma defensora das minorias e contra injustiças.

– PARA PENSAR –

Marielle não se conformava com as desigualdades e achava que nada era impossível de mudar. E você? Alguma injustiça o incomoda? Na sua opinião, isso pode ser mudado?

QUANDO?

INÍCIO DE 2000
Marielle retoma os estudos no pré-vestibular comunitário.

2001
Marielle se separa do marido, pai da Luyara.

2002
Marielle passa no vestibular da PUC-RIO.

2005
Amiga de Marielle é assassinada na Maré.

2007
Marielle começa a trabalhar como assessora parlamentar na ALERJ.

Após engajar-se em uma campanha eleitoral, foi convidada, em 2007, para ser **assessora parlamentar** do deputado estadual Marcelo Freixo. Levando sua história de lutas para o novo trabalho na Assembleia Legislativa do Estado do Rio de Janeiro (ALERJ), a jovem negra e favelada decidiu que mudaria as estruturas. Começava ali a trajetória política institucional de Marielle Franco.

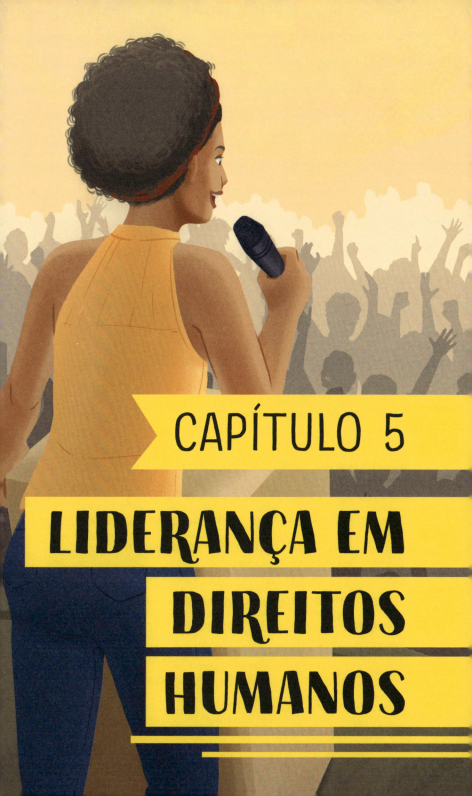

Ocupando a ALERJ

Ao compor a equipe de um deputado estadual, Marielle pôde ajudar na proposição de leis para pôr em prática ações que acreditava serem necessárias para o país. Praticando uma escuta ativa, atuou na construção de legislações junto aos cidadãos brasileiros — e não somente para eles. Em 2008, quando foram implementadas as Unidades de Polícia Pacificadora (UPPS) nas favelas do Rio de Janeiro, Marielle acompanhou esse processo, registrando falhas dessa política pública, assim como violações de direitos humanos.

Também esteve junto à criação da Associação dos Profissionais e Amigos do Funk (APAFUNK), quando, após intensa luta, foi aprovada a lei estadual que define o funk como um movimento cultural de caráter popular. Naquele dia, o plenário lotado gritava: "Funk é cultura!". Emocionada, Marielle constatou a importância de ocupar cada vez mais espaços na política.

Em decorrência de todo o trabalho que vinha desenvolvendo como assessora parlamentar, em 2011, ela se tornou coordenadora da Comissão de Defesa dos Direitos Humanos e Cidadania (CDDHC) da Assembleia Legislativa do Rio de Janeiro. Marielle e a equipe da CDDHC recebiam inúmeras denúncias de violações de direitos humanos e dos direitos dos cidadãos, e trabalhavam intensamente no atendimento e acolhimento dessas pessoas.

Durante sua gestão, foi criado o Ocupa Direitos Humanos, iniciativa junto a moradores de favelas e militantes de direitos humanos com o objetivo de ouvir e entender as demandas das regiões periféricas do Rio de Janeiro, além de promover mutirões itinerantes de atendimentos a violações de direitos. Outro foco pouco conhecido da comissão liderada por Marielle era a defesa de policiais acidentados ou mortos em serviço, garantindo os direitos deles e de seus familiares.

MITO & FATO

A Comissão de Defesa dos Direitos Humanos e Cidadania é contra policiais e defende bandidos.

A comissão defende todo cidadão que sofrer violação de direitos humanos e, inclusive, atuou na garantia de direitos de familiares de policiais que se acidentaram ou morreram em serviço.

✊ Estudar, dançar e amar ✊

Em 2007, Marielle se formou em Ciências Sociais. Mesmo com todas as dificuldades, a jovem — mãe solo, negra e favelada — conquistou seu diploma de graduação.

    Interessada em sempre aprender mais, Marielle voltou a estudar em 2009, matriculando-se na pós-graduação em Responsabilidade Social e Terceiro Setor da Universidade Federal do Rio de Janeiro (UFRJ). Foi também nesse período, entre estudos, militância e Assembleia Legislativa, que conheceu seu segundo marido, Eduardo Alves, com quem se casou em 2010.

O intenso acompanhamento que Marielle realizou na implementação das UPPs no Rio de Janeiro fez com que ela, enquanto coordenadora da CDDHC, cientista social e pesquisadora, quisesse analisar e registrar os limites e as violações dessa política pública. E, assim, em 2012, ela foi aprovada para cursar o mestrado em Administração Pública na Universidade Federal Fluminense (UFF), em Niterói. Para Marielle, essa ação não tinha como objetivo resolver o problema da segurança pública, e sim maquiar a cidade para receber os eventos da Copa do Mundo, de 2014, e os Jogos Olímpicos, de 2016.

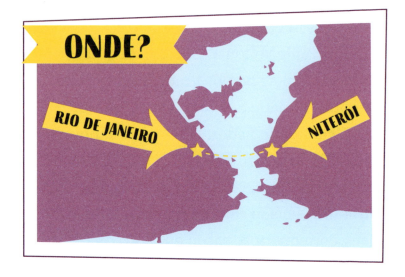

A decisão de se candidatar

— PARA — PENSAR

Em 2015, Marielle participou ativamente do movimento Primavera das Mulheres, no qual mulheres de diferentes gerações uniram-se contra o **assédio feminino**. A iniciativa ganhou as redes sociais com a hashtag #primeiroassedio e as ruas com passeatas em todo o país. Outro episódio que marcou a trajetória de Marielle foi a Marcha das Mulheres Negras contra o racismo. Realizada em Brasília, a passeata pacífica foi atacada com tiros disparados por policiais civis.

   O desejo de lutar contra as injustiças sociais foi crescendo cada vez mais em Marielle, fazendo-a enxergar nos cargos políticos eletivos um caminho para transformar o Brasil.

> Você se candidataria a algum cargo público para mudar coisas que acha injustas no Brasil? Faça uma lista do que você mudaria.

> **Marielle decidiu se candidatar ao cargo de vereadora para lutar, também por vias institucionais, contra todos os tipos de violência.**

A preparação do Rio de Janeiro para receber a Copa do Mundo e os Jogos Olímpicos desdobrou-se em inúmeras remoções forçadas de famílias de suas casas. Marielle acompanhou de perto a luta de muitos moradores pelo direito de permanecer no local em que construíram suas histórias e memórias.

Em 8 de março de 2016, Dia Internacional da Mulher, uma das lideranças mais importantes dessa luta, Maria da Penha Macena, teve sua casa demolida no mesmo dia em que seria homenageada como símbolo feminino na Assembleia Legislativa. Contudo, ela não pôde ir à cerimônia, pois precisou retirar suas coisas de casa às pressas e procurar abrigo.

Foi neste dia que Marielle decidiu que seria candidata a vereadora da cidade do Rio de Janeiro. Ela desejava lutar, também por vias institucionais, contra esse tipo de violência que retirou Dona Penha (como era conhecida) de sua casa.

QUANDO?

2007 — Marielle se forma na universidade.

2008 — Marielle acompanha a implementação das UPPs e a criação da APAFUNK.

2011 — Marielle assume a coordenação da Comissão de Defesa dos Direitos Humanos e Cidadania da ALERJ.

2012 — Marielle entra para o mestrado na UFF.

2014 — Marielle defende sua dissertação de mestrado.

2016 — Marielle decide se candidatar a vereadora da cidade do Rio de Janeiro.

A campanha

Candidata a vereadora por um pequeno partido de esquerda chamado PSOL (Partido Socialismo e Liberdade), Marielle fez uma campanha eleitoral com pouco dinheiro e muita disposição. Amigos e familiares a ajudaram com caronas, entregando panfletos e marcando reuniões em suas casas, onde divulgava suas propostas. Era um trabalho de "formiguinha", que foi se espalhando por toda a cidade.

Com o slogan "Mulher na luta, na rua, na raça: Mulher Raça", Marielle construiu uma pré-campanha com pessoas de diferentes idades. Com seu discurso, reencantou muita gente que estava decepcionada com a política. Marielle trouxe para sua campanha as pautas de gênero, raça e classe, tal qual suas inspirações, as intelectuais e **ativistas** Lélia Gonzalez e Angela Davis.

Ao exaltar o orgulho de ser negra e favelada, Marielle fez de sua campanha um importante momento de combate ao preconceito contra pessoas negras e moradores de favelas. Marielle balizou sua campanha para vereadora na frase: "Eu sou porque nós somos!".

E assim, de forma coletiva, ela conseguiu uma surpreendente vitória com 46.502 votos, sendo a quinta vereadora mais votada naquele ano no Rio de Janeiro, em 2 de outubro de 2016.

Em 1º de janeiro de 2017, Marielle Franco tomou posse como vereadora e iniciou seu mandato legislativo, com disposição para ocupar e mudar a Câmara dos Vereadores.

MITO & FATO

A campanha de Marielle contou com muitos recursos financeiros e, por isso, foi vitoriosa.

A campanha de Marielle contou com pouco dinheiro, mas teve o apoio coletivo de muitas pessoas que tinham o sonho de ocupar a política para fazer valer as mudanças necessárias.

Reencontrando o amor

Em 2016, Marielle se separou do segundo marido e, durante a campanha eleitoral, reencontrou Monica Benicio, com quem namorou em 2005, embora o relacionamento não tenha sido público devido à **homofobia**. A relação de Marielle e Monica passou por idas e vindas, e foi no fim de 2016 que elas decidiram assumir publicamente que se amavam. Elas foram morar juntas pouco depois, em uma casa de vila cheia de afeto, onde moraram com Luyara e Madox, o cachorro da família.

Movimentos sociais

Com uma equipe formada majoritariamente por mulheres negras, Marielle pretendia mudar as estruturas excludentes da política institucional. Usando o termo "mandatA" no feminino, ela buscava, por meio da linguagem, dar visibilidade à discussão de gênero e representatividade nos espaços de decisão.

Ao equilibrar diferentes vivências, militâncias e competências técnicas, a vereadora recém-eleita montou uma equipe de assessoria bastante diversa: a "equipe colorida", como diziam.

A equipe fez do gabinete 903 uma fonte de alegria em meio a tantos homens-padrão vestidos de terno. Buscando "desengabinetar" seu mandato, Marielle queria ser uma vereadora presente nas ruas e no plenário. Em apenas um ano e dois meses, propôs dezesseis Projetos de Lei, incluindo os que apresentou em coautoria com outros vereadores. Além disso, ela também organizou audiências públicas e inúmeras atividades, como o Encontro Direito à Favela, o Ocupa DH, no morro do Salgueiro, o Encontro Mulheres na Política, entre outros.

Uma das atividades que Marielle mais gostava de fazer era visitar escolas para dar palestras e conversar com crianças e jovens. Ali, de alguma forma, a menina Mari, que brincava de escolinha nos becos da Maré, se encontrava com a vereadora eleita, ao ensinar sobre direitos e cidadania.

— **PARA PENSAR** —

Você acha que os políticos eleitos deveriam estar mais próximos da população?

Ao assumir a presidência da Comissão de Defesa da Mulher da Câmara dos Vereadores do Rio de Janeiro, Marielle fez uma gestão histórica. Visitando várias maternidades públicas, a vereadora e sua equipe buscaram dar visibilidade à ausência de políticas de saúde da mulher. Pautas como mortalidade materna, violência obstétrica e direito ao parto natural estavam entre suas prioridades.

Sempre com o foco em mudar as estruturas, Marielle e sua equipe organizaram, em novembro de 2017, o Rolezinho na Câmara dos Vereadores. Nesse momento, o ambiente embranquecido do parlamento foi ocupado por várias pessoas negras que, geralmente, são discriminadas em espaços públicos.

Inspirada no lema "uma sobe e puxa a outra", Marielle organizou o evento "Mulheres na Política", para incentivar a participação de mais mulheres nas eleições de 2018. Outra ação que a vereadora realizou como presidente da Comissão de Defesa da Mulher foi a campanha: *"Não é Não! #carnavalsemassédio"*.

Marielle, com sua ação, distribuiu 200 mil leques nos blocos carnavalescos do Rio de Janeiro, visando conscientizar a sociedade sobre os direitos das mulheres.

QUANDO?

2 DE OUTUBRO DE 2016 — Marielle é eleita vereadora.

1º DE JANEIRO DE 2017 — Marielle é empossada vereadora.

20 DE JANEIRO DE 2017 — Marielle e Monica vão morar juntas e planejam se casar.

FEVEREIRO DE 2018 — Marielle cria a campanha "Não é não!" no carnaval carioca.

14 DE MARÇO DE 2018 — Marielle é assassinada.

Pouco mais de um mês após o carnaval, na noite de 14 de março de 2018, Marielle Franco foi assassinada, logo depois de sair da roda de conversa "Jovens negras movendo as estruturas". O Rio de Janeiro, o Brasil e o mundo choraram. Chegou o tempo de lutar por justiça, memória e reparação!

Discursos que ecoam

Com a difícil notícia da morte de Marielle estampada em todos os jornais, atos em solidariedade se espalharam por todo o mundo rapidamente, e a frase repetida por quem se despedia da vereadora era: "Tentaram nos enterrar, mas não sabiam que éramos semente".

No dia 15 de março de 2018, a Cinelândia, no centro do Rio de Janeiro, estava lotada de pessoas que foram à Câmara dos Vereadores para acompanhar o velório e se despedir de Marielle. Carregando faixas e cartazes, as pessoas que lotavam as ruas gritavam: "Marielle, presente".

Ainda que Marielle não estivesse mais presente fisicamente, a voz e o discurso dela estavam mais altos e potentes do que nunca. A denúncia feita pela vereadora em seu perfil no Twitter, no dia anterior à sua morte, escancarava a violência carioca: "Quantos mais têm que morrer para que essa guerra acabe?".

    Naquele que seria seu último discurso na roda de conversa realizada na Casa das Pretas, na Lapa, Marielle citou a autora Audre Lorde, importante nome do feminismo negro, enfatizando: "Não sou livre enquanto outra mulher for prisioneira, mesmo que as correntes dela sejam diferentes das minhas".

    E, assim, com voz firme e sorriso aberto, ela se despediu falando para as jovens ali presentes: "*Vamo* que *vamo, vamo junto*, ocupar tudo!".

Infelizmente, naquela noite de 14 de março de 2018, o carro em que ela estava sofreu um atentado a tiros. Marielle Franco e seu motorista, Anderson Gomes, não sobreviveram. Naquela mesma madrugada, enquanto familiares e amigos choravam por ambas as mortes, inúmeras **fake news** sobre a vida de Marielle e os motivos de sua morte começaram a surgir.

Um grupo de pessoas próximas à vereadora se organizou para denunciar e combater as fake news que se espalhavam pela internet, mentiras essas que só causaram ainda mais dor a quem conhecia e amava Marielle.

MITO & FATO

Podemos falar e compartilhar o que quisermos na internet, sem qualquer consequência, mesmo que seja algo falso, pois estamos assegurados pela liberdade de expressão.

Espalhar mentiras na internet é crime previsto em lei, e a pessoa que o comete pode pagar por isso. Além disso, esse tipo de atitude ofende e magoa as pessoas.

Começava ali um movimento de luta que clamava por justiça (#justiçaporMarielle). Como a própria Marielle afirmou em um de seus últimos discursos, em 8 de março de 2018, no Dia Internacional da Mulher: "Não serei interrompida, não calarão a voz de uma mulher eleita!". E, assim, com a imagem de uma mulher forte de voz firme que lutou para que meninas e mulheres sejam livres, respeitadas e tenham direitos assegurados para estar em qualquer lugar, inclusive na política, Marielle virou um símbolo da luta feminista no Brasil e no mundo.

Marielle, gigante!

A trágica perda de Marielle gerou comoção mundial. Em várias cidades brasileiras, e em vários países do mundo, foram organizados atos em solidariedade por sua morte. A notícia de seu assassinato chegou ao topo das menções nas redes sociais, citada mais de 3 milhões de vezes em 54 países.

— PARA PENSAR —

Quais lutas você acredita que eram importantes para Marielle? Essas pautas são importantes para você?

A partir daí, o mundo conheceu seu rosto e sua luta: Marielle, de fato, não seria interrompida. Pouco antes da missa de 7º dia de sua filha, Marinete, mãe de Marielle, recebeu uma ligação do Papa Francisco, que se solidarizou com a dor da família. Em agosto desse mesmo ano, ela foi convidada a ir ao Vaticano para conhecer o papa, que afirmou a importância da luta de Marielle.

No dia 27 de julho de 2018, dia em que Marielle faria aniversário,  a família da vereadora anunciou a criação do Instituto Marielle Franco (IMF).

O instituto tem como base quatro principais pilares: lutar por justiça pela morte de Marielle; defender a memória de sua história; multiplicar o **legado** dela e, por fim, regar as "sementes" (referência ao apoio às pessoas, em especial mulheres, que seguem lutando pelas causas defendidas por Marielle Franco).

Marielle ainda viria a se tornar inspiração para autoras que tanto admirava, como a escritora brasileira Conceição Evaristo, que escreveu o poema "Não, nós nos negamos a acreditar" em sua homenagem. Em outubro de 2019, foi a vez da intelectual Angela Davis, que em visita ao Brasil reconheceu e afirmou toda a luta da vereadora.

Outras tantas homenagens foram sendo realizadas no Brasil e no mundo. Em julho de

2018, a ativista paquistanesa Malala Yousafzai esteve no Rio de Janeiro e, por se identificar com as lutas da vereadora, decidiu fazer um grafite do rosto de Marielle e conhecer pessoalmente a filha dela, Luyara.

Em outubro de 2018, durante a disputa eleitoral, políticos de oposição às pautas de luta da vereadora quebraram a placa "Rua Marielle Franco" que havia sido feita em sua homenagem e colocada na Cinelândia.

Em resposta, um financiamento coletivo produziu mais de 1,7 mil placas que foram distribuídas em um ato ocorrido na mesma praça. Atualmente, mais de 30 mil placas já foram produzidas, transformando o objeto em um símbolo de resistência e identificação com as lutas da vereadora.

 Marielle era semente

Em 14 de agosto de 2018, data que marcou 150 dias sem a vereadora, a Câmara Municipal do Rio de Janeiro, em sessão extraordinária e com o plenário lotado de familiares, amigos e simpatizantes das lutas de Marielle, aprovou cinco Projetos de Lei de sua autoria.

As leis Espaço Coruja; Dossiê Mulher Carioca; Assédio não é passageiro; Efetivação das medidas socioeducativas em meio aberto; e Dia Teresa de Benguela foram aprovadas, deixando um importante legado legislativo para a população carioca. Além das leis, neste dia também foi aprovada uma resolução que deu o nome de Marielle Franco à Tribuna da Câmara, além de ser colocada uma placa junto ao púlpito com a sua conhecida frase: "Não serei interrompida!".

Nas eleições de 2020, o IMF construiu a Agenda Marielle Franco. O documento, que listava práticas e pautas implementadas pela vereadora durante sua vereança na cidade do Rio de Janeiro, virou uma espécie de carta de compromisso para candidatas políticas que se identificassem com suas pautas — foram 762 assinaturas.

Após as eleições, entre as candidatas que se comprometeram com a agenda, 81 foram eleitas em 54 cidades de todas as regiões do país, sendo 46 mulheres negras. O sonho de Marielle de ter mais mulheres, sobretudo negras, na política estava se realizando. Ela, de fato, havia se tornado semente.

Em 27 de julho de 2022, data em que completaria 43 anos, foi instalada a estátua Marielle Franco no centro do Rio de Janeiro. O local escolhido é conhecido como "Buraco do Lume", onde tradicionalmente a vereadora prestava contas de seu mandato para a sociedade.

E, assim, seja por meio de suas leis, de candidaturas inspiradas em suas lutas ou de homenagens pelo mundo afora, a voz de Marielle segue ecoando e fortalecendo a luta por direitos humanos e justiça social. Dessa forma, podemos afirmar: Marielle, presente!

Após 6 anos e 7 meses lutando por justiça, nos dias 30 e 31 de outubro de 2024 ocorreu o júri popular do caso Marielle Franco. O julgamento, que durou dois dias, foi transmitido ao vivo, sendo acompanhado no Brasil e no mundo. Por unanimidade, os jurados condenaram os assassinos, réus confessos, pelos crimes cometidos. Ao ler a sentença final, a juíza afirmou: "A Justiça por vezes é lenta, é cega, é burra, é injusta, é errada, é torta, mas ela chega".

QUANDO?

Marielle Franco é assassinada.

14 DE MARÇO DE 2018

É fundado o Instituto Marielle Franco.

27 DE JULHO DE 2018

São votados os Projetos de Lei de Marielle, e a Tribuna da Câmara passa a se chamar Tribuna Marielle Franco.

14 DE AGOSTO DE 2018

É feita uma estátua em homenagem a Marielle Franco.

27 DE JULHO DE 2022

Júri popular dos assassinos de Anderson Gomes e Marielle Franco.

30 DE OUTUBRO DE 2024

Desafio aceito!

Agora que você aprendeu tudo sobre Marielle Franco, que tal testar seus novos conhecimentos? Você pode reler o texto para encontrar as respostas se precisar, mas tente se lembrar delas primeiro.

1 De qual região brasileira são os pais de Marielle?
- → A - Sudeste
- → B - Norte
- → C - Nordeste
- → D - Sul

2 Como se chama a favela onde Marielle nasceu e foi criada?
- → A - Rocinha
- → B - Maré
- → C - Acari
- → D - Cidade de Deus

3 Na infância de Marielle, qual era o destino da viagem de férias mais esperada?

→ A - Praias de Maricá, no Rio de Janeiro

→ B - Salvador, no Nordeste do Brasil

→ C - São Paulo, com as tias e os primos

→ D - Casa da família na Paraíba

4 Como se chamava a avó materna de Marielle, sua grande inspiração?

→ A - Dona Maria das Dores (Dora)

→ B - Dona Francisca (Chica)

→ C - Dona Filomena (Filó)

→ D - Dona Marinete (Netinha)

5 Qual apelido Marielle deu para sua irmã mais nova, Anielle?

→ A - Nielinha

→ B - Naninha

→ C - Maninha

→ D - Lilinha

6 **Por que Marielle levou alguns anos até passar no vestibular e começar a faculdade?**

→ A - Ausência de professores no Ensino Médio
→ B - Dividiu o tempo entre trabalhar e estudar
→ C - Foi mãe jovem
→ D - Todas as alternativas anteriores

7 **Qual o verdadeiro sobrenome de Marielle?**

→ A - Francisco
→ B - França
→ C - Santos
→ D - Souza

8 **Por continuar inspirando a luta de muitas pessoas no mundo, mesmo após sua morte, Marielle é chamada de:**

→ A - Guerreira
→ B - Militante
→ C - Semente
→ D - Lutadora

Respostas: 1.C 2.B 3.D 4.C 5.B 6.D 7.A 8.C

Glossário

Êxodo: mudança de muitas pessoas de um lugar para outro.

Casas de palafita: casas de madeira construídas sobre pilares de madeira para torná-las mais altas, o que permite que estas construções sejam feitas em terrenos íngremes, como os morros, ou em lugares que alagam de tempos em tempos, como as regiões ribeirinhas.

Saneamento básico: serviços fundamentais como água potável, tratamento de esgoto e coleta de lixo.

Comunidades: são conjuntos de casas populares construídas, em sua maioria sem permissão, pelos próprios moradores em locais como morros.

Políticas públicas: ações desenvolvidas pelo governo para garantir direitos à população com o objetivo de promover qualidade de vida e bem-estar.

Direitos Humanos: normas que reconhecem e protegem a dignidade de todos os seres humanos.

Feminista: pessoa que defende o movimento social que reivindica a igualdade política, jurídica e social entre gêneros.

Feminismo negro: movimento atuante tanto na discussão de igualdade de gênero quanto na luta antirracista.

Preconceito: conclusão tirada antes de conhecer uma pessoa ou coisa e que se manifesta em uma atitude discriminatória.

Militante: pessoa que defende uma causa e que busca a transformação da sociedade por meio da ação.

Bullying: fazer piadas ou machucar alguém com o intuito de ofender.

Desigualdades sociais: diferença de acesso a recursos econômicos, educacionais e culturais entre classes sociais.

Preta: pessoa de pele retinta.

Rede de apoio: familiares, amigas e amigos que podem auxiliar a reduzir a sobrecarga da criação dos filhos.

Jornada tripla: expressão usada para se referir a mulheres que desempenham as atividades e os papéis de mãe, trabalhadora e dona de casa.

Mãe solo: mulheres que precisam criar seus filhos sozinhas.

Machismo: é um preconceito expresso por opiniões e atitudes por parte de homens que se opõem à igualdade de direitos entre os gêneros.

Importunação sexual: quando alguém tenta tocar o seu corpo sem permissão ou faz comentários sobre ele.

Racismo: discriminação por parte de um indivíduo, comunidade ou instituição contra uma pessoa, pelo fato de ela pertencer a um determinado grupo racial ou étnico.

Injúria racial: crime que consiste na ofensa à dignidade de alguém, utilizando-se de elementos referentes à raça ou cor.

Segregação racial: exclusão política, social, econômica e geográfica baseada na raça ou cor.

Interseccionalidade: interação de fatores sociais que definem a identidade de uma pessoa e a forma como isso vai impactar sua relação com a sociedade e seu acesso a direitos.

Assessora parlamentar: pessoa contratada por um político eleito para auxiliar no trabalho durante o mandato.

Assédio Feminino: quando abordagens grosseiras, propostas inadequadas ou ofensas são direcionadas a uma mulher, causando desconforto.

Ativistas: alguém que defende e luta por algo que acredita ser o melhor para as pessoas.

Homofobia: preconceito contra pessoas da comunidade LGBTQIAPN+.

Fake News: distribuição de desinformação (informações falsas) via jornal impresso, televisão, rádio, ou ainda on-line, como nas redes sociais.

Legado: marca deixada no mundo por nossas ações e histórias.

Bibliografia

CHAVES, Fernanda & BRITO, Priscila. (Orgs.) **Marielle Franco nesse lugar da política: um mandato interrompido**. São Paulo: Fundação Lauro Campos e Marielle Franco, 2023.

FRANCO, Anielle. **Cartas para Marielle.** Rio de Janeiro: Editora Conexão 7,2019.

FRANCO, Anielle. **Minha irmã e eu: diário, memórias e conversas sobre Marielle.** São Paulo: Planeta do Brasil,2022. 160p.

FRANCO, Marielle. **UPP — A redução da favela a três letras: uma análise da política de segurança pública do Estado do Rio de Janeiro.** Dissertação de Mestrado. Programa de Pós-Graduação em Administração, da Universidade Federal Fluminense. Niterói, 2014.

GUERREIRO, Bernado & COHN, Sergio. (Orgs.) **O Livro de Marielle Franco — Uma Fotobiografia.** Rio de Janeiro, Azougue Editorial, 2023.

INSTITUTO MARIELLE FRANCO. **Marielle Franco — Raízes. História em Quadrinhos.** Rio de Janeiro: IMF, 2021.

MENDONÇA, Amanda & PASSOS, Pâmella. **Espaço Coruja: pelo direito das crianças e das mulheres.** Legisladora Marielle Franco. São Paulo: n-1 edições,2019.

OLIVEIRA, Luna Costa de. **Agenda Marielle Franco: a memória como semente para novos futuros.** Dissertação de Mestrado. Programa de Cultura e Territorialidades, da Universidade Federal Fluminense. Niterói, 2022.

REZENDE, Rafael. **Marielle Gigante — Disputas da memória coletiva sobre Marielle Franco e a resistência à lógica autoral colonial.** Qualificação de mestrado no Programa de Pós-Graduação em Ciência da Informação (IBICT-UFRJ). Rio de Janeiro, 2025. No prelo.

RODRIGUES, Luana. **Mar de Marielle.** Ilustração Faw Carvalho. Rio de Janeiro: Malê Edições,2023. Coleção Nossas Histórias.

SILVA, Anielle Francisco (Anielle Franco). **Instituto Marielle Franco: Escrevivências, Memórias e o legado de Marielle Franco.** Dissertação de Mestrado. Programa de Pós-Graduação em Relações Étnico-Raciais, do Centro Federal de Educação Tecnológica Celso Suckow da Fonseca, CEFET/RJ. Rio de Janeiro, 2021.

Sites

A VOZ DE MARIELLE. Disponível em: https://avozdemarielle.com/ Acesso em: 15 fev. 2024.

AGENDA MARIELLE. Disponível em: https://www.agendamarielle.com/ Acesso em: 15 fev. 2024.

ENTREVISTA MARIELLE Franco concedida a León Diniz. Disponível em: https://m.youtube.com/watch?v=H6xPdtPpgIY&feature=youtu.be Acesso em: 15 fev. 2024.

ESCOLA MARIELLE. Disponível em: https://www.escolamarielle.org/ Acesso em: 15 fev. 2024.

INSTITUTO MARIELLE FRANCO. Disponível em: https://www.institutomariellefranco.org/. Acesso em: 15 fev. 2024.

RUA MARIELLE FRANCO. Disponível em: https://www.ruamariellefranco.com.br/ Acesso em: 15 fev. 2024.

WIKI FAVELAS. Disponível em: https://wikifavelas.com.br/index.php/Marielle_Franco#Cria_da_Mar.C3.A9 Acesso em: 15 fev. 2024.

Queridas crianças,

Obrigada por embarcarem nessa jornada de descoberta sobre a vida da minha mãe, Marielle Franco. Ao lerem sua história, vocês estão conhecendo uma mulher que acreditava na força do amor, da justiça e da igualdade. Minha mãe sonhava com um mundo onde todas as pessoas pudessem viver com dignidade e respeito, e sua coragem inspirou muitos a continuar essa luta.

Vocês, ao lerem sobre ela, estão plantando sementes de esperança e transformação. Cada vez que vocês sonham, aprendem e acreditam em um mundo melhor, vocês honram o legado de Marielle. Nunca subestimem o poder das suas vozes e ações. Pequenos gestos de bondade e coragem podem mudar vidas ao seu redor.

Lembrem-se: o futuro é feito por vocês. Com determinação, amor e justiça, vocês podem transformar o mundo em um lugar mais justo e cheio de oportunidades para todos. Obrigada por abrirem seus corações para a história da minha mãe, Marielle, e por se tornarem parte desta linda missão de criar um futuro mais esperançoso.

Não se esqueçam também de que a coragem não é a ausência de medo, mas a determinação de seguir em frente apesar dele. Sejam curiosos, questionem, aprendam e, acima de tudo, nunca deixem de sonhar. Vocês são os futuros líderes, sonhadores e construtores de um mundo melhor.

Com todo meu carinho e gratidão,

Luyara Franco,
Diretora de Legado do
Instituto Marielle Franco

Agradecimentos

Este livro não seria possível sem a disponibilidade, a atenção e o carinho de Dona Marinete, Seu Antônio, Luyara, Anielle e Monica, que, ao longo de meses, se disponibilizaram a contar e recontar histórias da vida de Marielle, recolhendo fotos e documentos antigos. A vocês, minha imensa gratidão pela confiança. Também agradeço ao Instituto Marielle Franco, pela indicação para construir esse projeto de memória, e à amizade de Leon Diniz e Claudia Rose, que abrilhantaram essa biografia com lembranças afetivas da Marielle nas lutas antes da vereança.

Por último, muito obrigada a Mariah e Cecília, pela parceria de escrita, leitura atenta e força que vocês têm enquanto sementes de uma madrinha inspiradora. Este livro é para vocês!

Pâmella Passos

Sobre a autora

PÂMELLA PASSOS, mulher negra de origem popular, mãe, professora, pesquisadora e defensora dos direitos humanos. Doutora em História com dois pós-doutorados, escreveu inúmeras publicações acadêmicas. Atualmente, tem investido na escrita criativa e, por isso, ficou muito feliz com o convite para escrever a biografia de sua amiga e comadre, uma forma de criar memórias para sua filha Cecília, afilhada de Marielle Franco.
◉ @prof.pamellapassos

Sobre a ilustradora

YASMIN CELESTE é uma artista de Ferraz de Vasconcelos (SP). Designer, ilustradora e animadora, é formada em Design de Animação. Tem interesse em quadrinhos e na arte de contar histórias por meio de diversas mídias.
◉ @yasz.ilustra
Bē www.behance.net/yaszceleste

Primeira edição (março/2025)
Papel de miolo Offset 90g
Tipografias Eames Century Modern,
Sofa Sans e Brother 1816
Gráfica IPSIS